Discours
à des Enfants

DISCOURS
A DES ENFANTS

PAR

ERNEST LAVISSE

Directeur de l'École Normale Supérieure

PARIS

✦ Librairie Armand Colin ✦

5, rue de Mézières, 5

1907

Droits de reproduction et de traduction réservés pour tous pays

PRÉFACE

Les quatre discours publiés ici ont été adressés aux élèves des écoles communales du Nouvion-en-Thiérache, dans le département de l'Aisne, à l'occasion des distributions de prix qui leur ont été faites, les années dernières.

On s'étonnera peut-être que de graves sujets y soient traités. Mais il est nécessaire de présenter et d'expliquer aux enfants d'un pays démocratique certaines idées dont la connaissance leur est indispensable.

Ces idées ne sont pas nombreuses; elles sont sérieuses, mais simples. Il ne faut que se donner un peu de peine pour les faire comprendre aux écoliers.

Donnons-nous cette peine. Non pas tous les écoliers assurément, mais plusieurs se souviendront des leçons entendues, quelques-uns y trouveront des conseils pour leur conduite à des moments de leur vie. Notre peine ne sera donc pas perdue, car c'est une grande récompense que d'être utile à quelques-uns.

Ernest LAVISSE.

Novembre 1906.

L'École laïque

L'École laïque

Chers Enfants,

C'est aux plus grands d'entre vous, grands garçons et grandes filles, que j'adresserai mon discours. Je donnerais aux petits et aux petites la permission de ne pas écouter, si je ne savais bien qu'ils la prendront eux-mêmes. Ils auront raison, car je vais parler d'une question très sérieuse : *Pourquoi existe-t-il des écoles laïques, et quelle en est la fonction dans notre société ?*

L'École laïque n'est pas une institution très ancienne. Autrefois, toutes les écoles dépendaient de l'Église et lui obéissaient. Cela n'offensait ni n'étonnait personne, parce que tout le monde était catholique. L'éducation était avant tout religieuse. On ne connaissait qu'une science, la science de Dieu, qu'on nomme la Théologie. On disait que la Philosophie en était la servante. Il était naturel que l'école fût dans l'église, ou tout près, dans l'ombre étroite du clocher.

Un jour vint — il y a quatre siècles — jour de grand trouble, où l'unique Église fut déchirée en morceaux. Le protestantisme attaqua des dogmes et toute l'organisation du catholicisme. Un grand nombre d'hommes, en France et en Europe, se convertirent aux doctrines nouvelles. Les protestants eurent leurs églises particulières, et leurs enfants quittèrent la commune école, où le maître catholique continua d'enseigner selon les règles et préceptes anciens.

Pour vous faire comprendre ce qui s'est passé alors, je vous conterai un souvenir personnel.

A votre âge, j'étais, au Nouvion, élève de la pension Bernard. Nous étions tous catholiques, sauf un, mon camarade David Dubois. Quand sonnait l'heure de l'instruction religieuse, David se levait et sortait. Cette singularité nous étonnait, nous scandalisait même un peu. Nous nous disions tout bas : « Il ne fait pas *Au nom du Père !* Il ne récite pas : *Je vous salue, Marie...* » Nous savions qu'au soir, sa famille chantait des chansons d'église en français. Plusieurs fois des gamins, dont j'étais, s'approchèrent de la maison, et montèrent les degrés du perron sur la pointe des pieds, l'oreille tendue. Je me rappelle la tristesse religieuse de ces chants calvinistes. Nous savions aussi que David s'en allait le dimanche au prêche à Esquehéries. Ceux d'entre nous qui avaient l'humeur voyageuse connaissaient Esquehéries. Ils y avaient vu le temple, cette petite maison humblement tapie derrière une haie le long d'un petit sentier, au lieu que l'église catholique campe sur la colline son fier aspect de château féodal.

A la vérité, nous n'avions pas de mauvais sentiments contre notre camarade. Dans ce pays de Thiérache, nous ne connaissons guère les passions religieuses. Mais je me suis souvenu toujours de cette première révélation qui me fut faite de la diversité des religions. Plus tard, lorsque j'appris au collège l'histoire du protestantisme, je revis la classe, nos bancs serrés, le maître en chaire annonçant la leçon d'instruction religieuse, et David Dubois sortant.

Et je compris qu'au xvi⁰ siècle, les protestants avaient fait comme mon camarade : ils s'étaient levés et ils étaient sortis.

Voilà donc, en France, deux religions et deux sortes d'écoles au xvi⁰ siècle : les catholiques et les protestantes.

Que va-t-on faire ? Si les hommes de ce temps avaient été sages, catholiques et protestants auraient continué de s'estimer et de s'aimer, frères en la commune patrie. Mais les hommes ne commencent jamais par être sages ; ils le deviennent — plus ou moins — après qu'ils ont souffert atrocement de leurs sottises et de leurs méchancetés. Ainsi les enfants n'apprennent à craindre le feu qu'après qu'ils ont hurlé en sentant la brûlure.

Vous savez par l'histoire que, dans toute l'Europe, catholiques et protestants se combattirent furieusement. Le fer tortura, le feu dévora de la chair humaine. Les plus méchantes haines sont les haines religieuses. Vous connaissez les crimes commis au nom de la religion par des catholiques et par des protestants. Les protestants, où ils étaient les plus forts, pratiquaient l'intolérance tout comme les catholiques. Ces temps passés étaient barbares. Mes enfants, il y a plus de sagesse, plus de bonté, plus d'humanité dans vos petites têtes et vos jeunes cœurs qu'il n'y en avait chez les rois et les peuples du temps passé.

Une des grandes gloires de notre pays est qu'il essaya le premier, par l'effet de circonstances particulières, le régime de la tolérance. Le roi Henri, de populaire mémoire, donna aux protestants le droit de vivre comme les autres Français. En ce droit était compris celui de tenir des écoles. Des écoles protestantes, grandes et petites, prospérèrent à côté des écoles catholiques. Mais l'Église catholique ne se résigna point à tolérer auprès d'elle la secte hérétique. Par un patient effort, elle obtint du roi Louis XIV — il ne se fit pas beaucoup prier — qu'une à une les libertés octroyées aux protestants leur fussent retirées. Et vous savez combien notre pays, par la révocation de l'Édit de Nantes et l'émigration qui suivit, perdit de forces, de richesses, d'intelligences et de vertus.

Mais le temps marcha de son pas tranquille, de son pas indifférent, que personne jamais n'arrêta, n'arrêtera jamais. Le spectacle des guerres et des haines religieuses, et d'autres causes encore éveillèrent l'esprit philosophique, au moment où le règne de Louis XIV finissait dans la misère et les larmes. Comme toutes les œuvres, celle des philosophes est mêlée de bien et de mal. Nous savons aujourd'hui qu'ils eurent le grand tort de traiter légèrement l'esprit religieux, qui est une puissance légitime et forte. Mais le xviii° siècle garde l'honneur d'avoir retrouvé, sous les religions diverses et ennemies, l'Humanité avec tous ses droits, et de proclamer l'absolue liberté de la conscience humaine.

En conséquence, la Révolution française prononça le divorce entre l'État et la Religion, dont l'union était devenue malfaisante. L'État ne connut plus que des Français, libres de choisir leur culte, ou de n'en professer aucun. Alors et nécessairement l'École laïque vint au monde. Elle est la fille de la Révolution française. Vous voyez bien en quoi elle lui ressemble : elle ne connaît en ses élèves que de jeunes Français.

Cette ressemblance lui est reprochée comme un crime : l'École laïque a de violents ennemis.

Chers enfants, je ne veux offenser personne. Je respecte les sentiments religieux quand ils sont sincères, et ils le sont très souvent. De plus, je suis partisan de la liberté d'enseigner, sous le contrôle de l'État. Ce contrôle me paraît nécessaire, parce que l'État, forme politique de la patrie, ne peut se désintéresser de l'éducation des générations, qui demain seront la patrie. Mais je n'admets pas qu'il réclame pour lui seul le droit d'enseigner ; l'idée d'un monopole de cette sorte me blesse et m'inquiète, car il serait un monopole intellectuel et moral ; rien que l'accouplement de ces mots fait peur. Et justement parce que j'ai ces opinions, que je puis dire équitables, j'ai le droit de réprouver les iniques préjugés à l'égard des écoles laïques.

De braves gens s'effarent à l'idée d'y envoyer leurs enfants. Ils croient qu'en elles tout est abomination, pendant qu'ailleurs tout est perfection. Et l'on chante de jolies chansons comme celle-ci :

> A la laïque,
> On a des coliques ;
> Chez les bonnes sœurs
> On a des douceurs.

Ces douceurs seraient l'avant-goût de celles du paradis, et les coliques, le prélude des tourments de l'enfer, à vous réservés, mes pauvres petits.

Plusieurs calomnies, trop souvent déversées du haut des chaires d'église, tombent sur l'école publique.

École sans morale, dit-on ! Mais ceci est un mensonge. Vos maîtres vous enseignent la morale comme l'humanité l'a faite, tantôt contre les religions, tantôt avec leur aide. Cette morale est celle des sages antiques, fécondée par l'esprit fraternel et démocratique de l'Évangile, par l'expérience progressive de l'humanité, par les sentiments, partout éveillés aujourd'hui, de solidarité et de justice sociales.

École sans religion. — Oui. Mais il faudrait s'entendre,

il faudrait dire : école qui, pour de hautes raisons, par respect de la liberté du père de famille, de l'élève et du maître — car le maître, je suppose, a, comme tous les citoyens, droit à la liberté de conscience — par ressouvenir des discordes et des horreurs d'autrefois, dans l'intérêt de la paix publique, garde la neutralité entre les religions, dont elle laisse l'enseignement à leurs ministres.

Si la neutralité est loyalement observée — et il faut qu'elle le soit ; — si aucun empêchement n'est mis à l'éducation religieuse — et il faut qu'aucun empêchement n'y soit mis — personne n'a sujet de se plaindre. Les écoliers ont leurs heures laïques et leurs heures religieuses. Aucun trouble n'est introduit dans leur existence. L'école n'est jamais bien loin de l'église. Ici, vous n'avez que la rue à monter, une rue qui grimpe raide, il est vrai ; mais à votre âge, on ne sait pas que « ça monte ».

Comme ce grand différend serait facile à arranger si tout le monde y mettait de la bonne volonté ! Mais il n'y faut pas compter. Ce qui fait la gravité de la lutte dont vous entendez le bruit, c'est qu'elle est un épisode de la guerre perpétuelle entre le passé et l'avenir.

Sincèrement, un grand nombre de Français regrettent le passé et l'aiment. Vous, garçons et fillettes qui n'avez point de passé, ou qui en avez si peu, vous qui êtes tout en avenir, vous ne savez pas ce que c'est que regretter le passé, ni pourquoi on l'admire. Moi qui suis un vieux monsieur, je le sais bien.

Je me reporte avec délices à l'âge lointain où ma tête était blonde. Il me semble que, dans ce temps-là, il faisait toujours beau. Y avait-il un hiver ? Tout juste, je crois, pour nous donner le plaisir de nous battre « à boules de neige », et de dessiner, sur le linceul brillant, des « bon Dieu », en nous couchant les bras en croix. Est-ce qu'il pleuvait? Certainement. Je me souviens de grosses pluies et de l'eau en torrent, dévalant le long de la rue de Prisches. Mais c'était pour nous permettre d'établir, en nous mouillant les manches jusque par delà le coude, des *patadieaux* comme nous disions, c'est-à-dire des batardeaux, de les éventrer ensuite à coups de pied qui mouillaient nos pantalons jusqu'au-dessus du genou. Mais, est-ce que l'eau mouillait, il y a cinquante ans? Je n'en suis pas bien sûr. En tout cas, elle séchait très vite.

Je vous dirai encore que, dans ce temps, la journée de Pâques resplendissait toujours sous l'azur du ciel. Les petits oiseaux chantaient : « Jésus-Christ! Jésus-Christ! » Je les ai entendus. Pour aller à l'église, où le suisse Hachon, vieux soldat du premier Empire, promenait sa hallebarde, son plumet, sa croix d'honneur et son œil sévère, nous mettions nos pantalons blancs, ou bien, si nous étions des élégants et suivions la mode, nos pantalons nankin, qui étaient jaunes.

Dans ce décor enchanté, je plaçais des illusions exquises. Il y avait sur le chemin de Barzy, passé le hameau de « Mon Idée », un gros buisson. Sans le dire à personne, je pensais que c'était le buisson ardent d'où le Seigneur appela : « Moïse ! Moïse ! » et que le temps avait éteint.

La petite colline qui est en haut de Malassise, et qu'on appelle Montapeine, me semblait une montagne très haute. J'étais convaincu que le patriarche Abraham en avait choisi le sommet pour construire le bûcher où il pensait offrir à Dieu le sacrifice d'Isaac.

Enfin, il aurait été inutile de me soutenir que le carrefour des routes forestières, où s'élève aujourd'hui le seigneurial poteau de Guise, n'était pas l'endroit exact où s'était tenu sur son cheval blanc, sa lorgnette à la main, pendant la bataille de Waterloo, l'Empereur. Et je m'imaginais que Démolon, le garde aubergiste de la maison forestière, avait porté un verre de bière à l'Empereur qui lui avait dit : « Merci, Monsieur Démolon ».

Ce passé, mes amis, c'est, dans ma mémoire, une image enluminée de belles couleurs, toutes vives, toutes fraîches, encore humides. Ah ! je sais bien que, pour retrouver la vérité, il faudrait faire place, dans ces souvenirs, au froid, au brouillard, à la boue, à toutes les intempéries oubliées ; puis retrancher le patriarche Abraham, Moïse le prophète et Napoléon l'empereur. Mais comme ce serait dommage !

Or, de même que l'homme arrivé au déclin aime à se retourner vers la jolie enfance, de même les générations de tous les temps se plaisent à regarder vers les générations ancestrales qu'elles se figurent avoir été heureuses et belles. Et nous entendons répéter cette plainte : Comme c'était bon le temps où tous les Français adoraient le même Dieu selon les mêmes rites ! Quelle belle et bonne fraternité, celle des têtes rapprochées et penchées pour lire au même livre l'unique histoire qui valût la peine d'être apprise ! Et quelle force dans cette unité qui permettait les grands élans unanimes !

Sans doute, et cette belle unité est séduisante au souvenir. Il faudrait, il est vrai, ici encore, mettre les ombres, qui furent épaisses, et ajouter les intempéries, qui furent très rudes. Mais je ne veux pas discuter les charmes de ces souvenirs. Je dirai seulement : Cette belle unité, elle est morte, bien morte, et personne ne la fera revivre. Personne ne la reverra, pas plus que je ne reverrai ma tête blonde. »

Voyez-vous, mes enfants, parce qu'une chose a existé dans le passé, il n'en faut pas conclure qu'elle doive exister toujours. Le passé est conservé en certains pays, où le fils met son pied dans la trace du pas paternel ; et le chemin passe au pied de grandes ruines séculaires respectées et qui semblent éternelles. Ce sont les pays d'Orient, mais ils sont habités par la misère et par la servitude. Dans notre Occident, l'esprit est en mouvement perpétuel. Il est déblayeur de ruines ; si bien qu'il a fallu faire une loi pour protéger contre lui ces souvenirs du passé, qu'on appelle les monuments historiques. Cet esprit semble quelquefois s'arrêter et même retourner en arrière ; mais c'est pour repartir bientôt en précipitant la marche. Nous ne retournerons pas au passé.

Derrière votre école, un tout petit ruisseau descend une pente toute petite ; on croirait qu'il lui est indifférent de couler dans un sens ou dans un autre. Pourtant le plus jeune d'entre vous pourra vivre aussi longtemps que vécut le pape Léon XIII, il ne verra pas la Vieille-Sambre, rebroussant le chemin des Saules, remonter vers sa source qui gazouille à l'entrée du bois.

Puisque cette ancienne unité est morte, il faut, à tout prix, en trouver une autre. Après avoir placé hors de l'État, hors du domaine de la puissance publique, ce qui divise, cherchons donc ce qui unit. Ce qui unit, c'est l'accord sur la commune loi morale dont les préceptes se répètent dans toutes les religions civilisées ; c'est le respect et l'amour de l'humanité ; c'est la tolérance, qui est une application de la fraternité ; c'est l'obéissance aux mêmes lois ; c'est la qualité d'enfants d'un même pays ; c'est l'ensemble de souvenirs et d'espérances où prend sa force l'amour de la patrie ; c'est le devoir envers la France.

Il existe un fond commun de l'âme française, et sur ce fond est bâtie, indestructible, l'École laïque.

En l'École laïque, primaire ou secondaire, s'atténuent les différences et les contrastes. Oh! mes amis, et vous tous qui m'écoutez, sachez qu'il faut atténuer les différences! L'humanité est encore puérile et méchante. Un homme, s'il est autrement que nous, nous le jugeons ridicule et même odieux. Ce sentiment barbare engendre des malentendus, des haines et des guerres entre les peuples. N'ayons pas chez nous des peuples différents, de peur d'entretenir des malentendus et des haines, et peut-être de provoquer — le mot m'écorche les lèvres — la guerre.

Chers enfants, vous voyez à présent pourquoi l'École laïque est nécessaire et quelle en est la fonction dans notre société. Et comme c'est là ce que je me proposais de vous montrer, voilà mon discours fini.

Il a été long, mon discours. J'ai l'habitude de parler longuement en Sorbonne, dans ma chaire de l'Université de Paris. C'est une des raisons pour lesquelles j'hésitais à présider cette fête. J'en avais d'autres. Les vacances, c'est le temps du repos, je veux dire celui où l'on travaille le plus et le mieux, n'ayant d'autre devoir que celui de travailler. Puis, je n'aime pas à siéger sur les estrades, surtout au fauteuil du milieu.

Mais j'ai pensé que je ne pouvais décliner l'invitation qui m'était faite avec une amicale instance. Enfant de ce pays auquel je demeure attaché par la force de pieux souvenirs très chers, j'ai des obligations envers lui.

J'ai pensé aussi qu'étant professeur à l'Université de Paris, j'avais des devoirs envers notre école communale. Entre les écoles de la République, il y a des degrés,

mais non des barrières. Au plus haut degré, nous pour-
suivons la recherche indéfinie de la vérité toujours ina-
chevée ; et la lumière descend vers vous, chers petits enfants de notre peuple, mesurée à la jeunesse de vos yeux
par la sagesse de vos maîtres. L'Université de Paris est
la grand-maman des petites écoles. Je suis ici en famille,
à titre de grand-papa. Et, puisque vous m'avez écouté
avec une si gentille attention, j'espère que je reviendrai
l'année prochaine.

15 août 1903.

L'Histoire à l'École

L'Histoire à l'École

· CHERS ENFANTS,

Si l'on vous demandait pourquoi vos maîtres vous en-
-seignent la grammaire et l'arithmétique, vous répondriez
tout de suite : C'est afin de nous apprendre à parler et
à compter, qui sont des choses évidemment nécessaires ;
pourquoi ils vous enseignent la géographie, vous répondriez tout de suite aussi : Il faut bien que nous connais-
sions la France, qui est notre pays, et la terre, qui est le
pays des hommes. Mais peut-être, vous seriez embarras-
sés, si l'on vous interrogeait sur l'utilité de vous enseigner l'histoire. A votre âge, un homme de quarante ans
semble un vieillard très vieux ; que pouvez-vous bien
penser de gens qui vivaient il y a cent ans, deux·cents
ans, trois cents ans et beaucoup plus? Sans doute, vous
pensez que vous n'avez point affaire à eux, et qu'étant
tranquilles dans la mort, ils devraient laisser les petits
vivants tranquilles, au lieu d'encombrer les études et
les programmes de leurs noms, de leurs faits et gestes,
et des chiffres de leurs dates.

Mais vous vous trompez, mes enfants, en croyant que
le passé est loin ; il est notre proche voisin. Je vais vous
le démontrer en quelques mots : le roi Louis XIV est né
en 1638, il y a donc deux cent soixante-six ans ; et moi,
qui ne suis pas encore arrivé à la décrépitude, j'ai connu
au Nouvion un homme qui a connu des contemporains
de Louis XIV.

Cet homme s'appelait M. Godelle. Plusieurs de ceux qui siègent sur cette estrade se souviennent de lui. Il est mort à quatre-vingt-dix ans, en 1856, comme vous pouvez voir par l'inscription gravée sur sa tombe de marbre blanc. J'avais alors quatorze ans; je voyais presque chaque jour M. Godelle, qui était mon arrière-grand-oncle. Ce vieillard, qui avait vu de grandes et terribles choses, le roi Louis XVI charrié à l'échafaud, l'ancienne constitution de la France périr, la France éprise d'un idéal de vie nouvelle, commença de me révéler l'esprit du xviii⁰ siècle, que j'ai appris à aimer depuis, jusque dans ses illusions, parce qu'il fut un siècle humain, succédant à un siècle dur.

M. Godelle était donc né en 1766. Il avait plus que l'âge de raison en 1776. A cette date, il a certainement vu des octogénaires au Nouvion. Or, un homme, octogénaire en 1776, naquit en 1696, et il était à peu près majeur à la mort de Louis XIV, en 1715. Vous voyez donc que ce roi, qui vous paraît un personnage si éloigné, vous le touchez presque. Les cent quatre-vingt-neuf ans qui vous séparent de sa mort sont un court espace de temps. Pour le couvrir et au delà, il suffit que trois hommes, moi qui vous parle, mon oncle et l'octogénaire nous nous tenions par la main. Il ne faudrait pas une longue chaîne d'hommes pour atteindre le temps où Jésus-Christ vint au monde; une trentaine, c'est assez, à quelques ans près. Voyez-vous, mes enfants, quand des milliers de siècles auront passé encore, l'humanité pourra parler de temps anciens. Mais à l'heure où nous vivons, on ne peut dire de personne qu'il soit mort depuis très longtemps.

Vous n'avez donc pas le droit de vous détourner du passé, comme d'une chose trop lointaine. Puisqu'il est si près de nous, il faut n'être vraiment pas curieux pour n'être pas tenté d'y regarder un peu.

Cette curiosité, si vous l'avez, vous sera bienfaisante. Par elle, vous prolongerez votre vie, en ajoutant à votre existence celle des générations qui vous ont précédés. Nous sommes mal à l'aise dans notre vie étroite; c'est pourquoi nous rêvons de l'immortalité de notre âme. L'histoire nous donne une sorte d'immortalité en arrière. Il me semble qu'ayant employé ma vie à l'étudier, j'ai à présent cinq ou six mille ans au moins. Je me promène dans un grand espace plein de lumières, d'ombres et de mouvements, où je respire à larges poumons.

Mais la connaissance de l'histoire donne autre chose et mieux que ce plaisir.

Elle est une des différences notables entre l'homme et la bête. Un chien ignore par l'effort de quel long travail et l'effet de quelles éducations il naît chien de chasse ou chien de berger. Il ne voit pas se dérouler l'histoire de la race depuis le premier ancêtre chien jusqu'à nos jours. Semblable à cet animal est l'homme qui ne remonte pas la série des ancêtres jusqu'aux cavernes primitives, où ils rapportaient le gibier et suçaient la moelle des os fendus par la hache de pierre. Il ne suit pas la marche de l'humanité jusqu'au point où nous sommes arrivés de la dignité humaine. Le sentiment précis de la dignité humaine ne se prend que dans l'histoire.

La connaissance de l'histoire éclaire l'amour de la patrie. La patrie, le lieu de l'humanité où nous sommes nés, est distinguée des autres patries par la nature et plus encore par l'histoire, c'est-à-dire par un ensemble d'actions et d'idées successives qui ont composé notre destinée. Vous n'avez pas le droit d'ignorer comment la France est devenue une des plus grandes parmi les nations. Pour être Français, il ne suffit pas de se donner la peine de naître en France, ainsi que font nos peupliers et nos saules.

Enfin, c'est l'histoire qui, nous apprenant l'œuvre faite par nos devanciers, nous enseigne l'œuvre à faire.

L'œuvre faite, pendant les derniers siècles, il est facile de la discerner.

Ce contemporain de Louis XIV, de qui je vous parlais tout à l'heure, fut le sujet d'un roi qui se croyait et fut en effet le maître de ses sujets, corps et âme; qui les ruina par la guerre, par le luxe de ses bâtiments, par les splendeurs des fêtes; qui laissa une administration abominable les tourmenter, contraignit les esprits à taire leur pensées, persécuta des consciences, emprisonna, exila, peupla les Bastilles et les galères horribles, sans qu'il fût méchant — car il ne l'était pas, — sans qu'il fût un sot — car il avait une intelligence suffisante, — sans qu'il fût un malhonnête homme — il avait un fond d'honnêteté, même de justice ; — mais le temps autorisait ces mœurs. Tout ce qu'il faisait, le roi croyait, d'accord avec la plupart des Français, qu'il avait le droit de le faire, si bien qu'il n'eut de larmes que pour ses revers, point de remords, seulement des regrets un peu brefs qu'il exprima en la solennité de son grand lit de mort, parlant à ce déplorable héritier qui allait s'appeler Louis XV.

C'était aussi le temps des inégalités sociales acceptées presque sans mot dire. Dans l' « État de la France »; qui était une sorte d'almanach national, on écrivait comme la chose du monde la plus naturelle, au sujet du peuple des paysans : « Quoiqu'il soit plus nombreux que les autres, il ne nous fournit que peu de matière de discours. Nous pouvons seulement dire que c'est sur lui qu'on lève les tailles et qu'il cultive les biens de la terre pour la nourriture des villes. » Et voici, du même temps, une définition du travail industriel, du travail mécanique, comme on disait : « Nous appelons communément mécanique ce qui est abject et vil. » Longtemps cette définition où le travail est flétri comme une tare, ne fut contestée par personne. Tout le poids de l'État tombait sur le misérable. On demandait le plus à ceux qui pouvaient le moins. La longue hiérarchie des privilégiés montant vers le roi, s'appuyant à lui, l'appuyant, les écrasait.

Entre ce temps et le nôtre vous pouvez, par la comparaison, mesurer l'œuvre faite. Personne, je crois, dont l'esprit se porte bien, ne soutiendra qu'elle n'est pas bonne. Mais elle n'est pas achevée. Des misères physiques et morales et des injustices demeurent. Si jeunes que vous soyez, vous connaissez de ces misères et plusieurs d'entre vous, hélas ! les voient de près : la maison trop petite, malsaine, hôtesse achalandée de tous les agents de la mort ; les seules familles nombreuses qui restent en France, s'étiolant dans les taudis ; souvent l'ivrognerie, née de la misère peut-être, mais qui l'aggrave et la perpétue ; la brutalité des paroles et des gestes ; la voix qui hurle et la main qui cogne. Et c'est un spectacle plus navrant encore, celui d'honnêtes vies de travailleurs toujours inquiètes, hantées par la crainte de la mendicité finale, d'honnêtes vies presque sans espoir. Puis, entre la masse et le petit nombre, une énorme distance est marquée par la différence d'éducation. Dans la masse, l'ignorance est quasi totale de la qualité d'homme et de la qualité de citoyen.

Eh bien, mes enfants, ce qu'il faut faire, c'est continuer l'œuvre commencée, afin de libérer la société française, autant qu'il est possible, des misères et des injustices qui demeurent.

Cette œuvre est difficile ; même elle n'est pas sans péril. C'est la première fois qu'on entreprend de relever tout ce qui est courbé. Or, comme il est clair que, quoi qu'il arrive, tout le monde ne pourra pas commander, qu'il faudra toujours un ordre, toujours une discipline, il est naturel qu'on se demande qui prescrira l'ordre à l'avenir et maintiendra la discipline.

Aussi, ne faut-il pas s'étonner que beaucoup de personnes, parmi lesquelles il s'en trouve d'honnêtes et loyales, se troublent, s'inquiètent et se refusent à l'avenir que nous rêvons, que nous voulons. Ce sont elles qui nous recommandent le retour aux idées et aux mœurs de nos pères. Mais nos pères, elles ne disent pas à quelle date elles les choisissent. Je ne sais pas de quel droit elles s'arrêtent à tel point plutôt qu'à tel autre de la route qui remonte vers les cavernes. Elles invoquent des traditions, mais lesquelles ? Toute l'histoire est pleine de renoncements à des traditions. Ou plutôt la tradition n'est qu'une transmission du passé au présent, qui en prend ce qu'il veut ou ce qu'il peut, corrige, retranche, ajoute. Une tradition qui prétend s'arrêter à un moment donné n'est plus qu'une borne.

Oui, je comprends les craintes. Nous entendons des cris de passions, nous sentons des souffles de haines. Les journaux apportent des récits de déplorables journées. Et puis de trop beaux rêves promettent de trop belles choses. Mais l'humanité n'a jamais été tranquille : jamais elle n'a vécu sans passions, et sans haines, ni, fort heureusement, sans rêves. Pour moi, bien que j'aie mes jours de tristesse et d'irritation, je m'étonne du calme où se poursuit le grand travail.

Au Nouvion, en 1848, on vivait dans l'attente quotidienne de quelque événement terrible. La garde nationale apprenait le soir, après journée faite, la marche au pas et le maniement du fusil, dans la filature de son commandant, M. Audubert. Les instructeurs scandaient : « Gauche! Droite! Une! Deux! » Il s'agissait de se défendre contre la révolution sociale. De fait, un jour, les bûcherons de la forêt se présentèrent à l'hôtel de ville, hache sur l'épaule, pour demander du pain. Un autre jour, on annonça une invasion des gens d'Esquehéries, qui viendraient piller la banque de M. Alphonse Caudron. Ils n'y auraient pas trouvé grand'chose, car l'argent se cachait alors dans le profond des caves. Un autre jour encore, ce fut la nouvelle que les ouvriers du Cateau étaient en train de brûler la ville. Le Nouvion décida d'aller au secours du Cateau. Le rappel fut battu. Ma mère pleurait; mon père eut de la peine à trouver son fusil, qu'elle avait caché au grenier. La garde se rangea devant la halle. Toute la marmaille était là, comme vous pensez bien. Je pris dans mes bras une jambe de mon cousin le commandant, espérant l'empêcher de partir; il me secoua. Et le bataillon partit derrière la haute canne du tambour-major et les grandes barbes imposantes et postiches des sapeurs. Mais il n'a-avait pas fait trois kilomètres, qu'un éclaireur envoyé vers Le Cateau revint et annonça que la ville ne brûlait pas du tout. L'armée du Nouvion rentra dans ses foyers. Mais d'autres peurs coururent ensuite. Et, vous savez qu'à Paris on n'en fut pas quitte pour des peurs. Juin eut sa semaine sanglante. Et, par delà les journées de 1848, pensez aux grandes émeutes périodiques du règne de Louis-Philippe, aux journées de la Révolution française, aux révoltes sous l'ancien régime, — le règne de Louis XIV en est rempli, — aux formidables soulèvements du Moyen Age.

Est-ce que nous sommes tant inquiets aujourd'hui? Le Nouvion s'endort paisiblement tous les soirs, de très bonne heure.

Je ne veux pas dire, n'étant pas prophète, que nous ne

sommes attendus par aucune épreuve ; mais je ne crois pas aux longues crises douloureuses. Il s'est fait un grand progrès dans la raison publique. Le droit d'écrire et de parler, le droit de suffrage ont détruit le droit à la révolution. Vous n'oublierez jamais, vous, mes amis, que, dans un régime de liberté républicaine, toute violence est un crime, et qui peut tuer la liberté et la République. Heureusement d'ailleurs, les violents sont beaucoup moins nombreux qu'on ne pense ; beaucoup plus nombreux qu'on ne croit se comptent, parmi les heureux de ce monde, les gens de bonne volonté, d'âme juste et généreuse. Partout s'organisent, sous toutes les formes, des œuvres de solidarité. Il en est une que vous connaissez. On vous enseigne à l'école la bienfaisance de la mutualité, dont la devise est meilleure que le précepte fameux : « Aide-toi toi-même », puisqu'elle est : « Aidez-vous les uns par les autres », vraie devise de fraternité pratique. Et, par-dessus ces œuvres de l'initiative privée, la Loi, c'est-à-dire la volonté de la Nation française, a entrepris de protéger la vie contre les maladies qui la menacent, l'enfance contre l'abandon ou les mauvais traitements, le travail contre l'accident, la vieillesse contre la misère. Elle donne au faible le moyen de discuter avec le fort. Elle répartit plus équitablement les charges publiques, charges fiscales ou charges militaires. La loi républicaine cherche la justice.

Allons, ayons confiance, ça ira bien ! Le bien sortira de notre énorme effort, et plus vite que nous ne pensons. Rappelez-vous qu'entre le contemporain de Louis XIV et nous qui sommes ici, le chemin est court. L'histoire, outre les vertus que j'ai dites, en possède une, la plus belle de toutes : elle inspire l'espérance invincible.

15 août 1904.

La Patrie

La Patrie

Je vous ai habitués à m'entendre vous parler de choses sérieuses. C'est d'une chose sérieuse que je vous parlerai aujourd'hui encore, puisque le sujet de mon discours est la patrie.

La patrie est un territoire habité par des hommes qui obéissent aux mêmes lois. Pour composer ce territoire et cette communauté, un grand effort a été nécessaire. Petits habitants d'un canton de la Thiérache herbagère et forestière, vous qui avez l'esprit prompt et pratique, l'humeur querelleuse, et qui gardez dans votre parler des mots et des tours de la langue picarde, vous ne ressemblez guère aux petits Bretons qui, de leurs rochers, regardent en rêvant l'Atlantique et parlent la vieille langue des Celtes, ni aux petits Provençaux qui s'exclament en langue romane aux bords de la Méditerranée. Il fut un temps où la Picardie était plus étrangère à la Bretagne et à la Provence que ne le sont aujourd'hui à la France l'Amérique ou les Indes. A créer notre nation ont collaboré pendant plusieurs siècles la nature où nous avons prélevé notre part de terre et de ciel, et puis la politique, le fer et le feu, mais aussi l'esprit et le cœur.

Vous savez par l'histoire comment nos rois ont composé le royaume de France. Ils ont acquis l'une après l'autre les diverses provinces. Le premier lien entre Picards, Bretons, Gascons, Provençaux, etc., fut d'avoir le même maître. Nos pères devinrent tous des Français, parce qu'ils étaient tous sujets du roi de France. La première communauté nationale fut la commune obéissance. Aux actions du roi, tout un peuple s'intéressa. Ensemble, nos pères contribuèrent aux entreprises de guerre par leur argent et par leur sang. Une victoire du roi, une défaite du roi réjouissait ou affligeait tout le royaume. L'habitude se prit de ressentir les mêmes émotions aux mêmes heures. Il y eut en France une sensibilité nationale.

En même temps, la communauté se manifestait par un grand travail de l'esprit. La nation française créa la langue française. Si nous parlons aujourd'hui une langue qui est une des plus belles du monde, c'est parce que nos pères se sont donné une grande peine, qui a duré des siècles, pour la faire belle. En notre langue, nos pères ont exprimé leurs sentiments et leurs idées. Une littérature, c'est comme une confession générale d'un peuple; il y dit tout ce qu'il pense de la nature et de l'homme. La littérature française a donc exprimé l'esprit et le caractère particulier de la France. Elle a fait, de la communauté politique, une communauté morale.

Longtemps, très longtemps, l'esprit de la France a été d'accord avec le roi. C'était la croyance des Français que le roi était le lieutenant de Dieu sur terre, et qu'il fallait l'aimer et le servir comme on aimait et servait Dieu. Petits républicains, vous avez peine à comprendre ce sentiment. Voyez-vous, chaque temps a ses mœurs, que le temps d'après ne comprend plus. C'est un aveuglement de ne pas vouloir reconnaître que ces mœurs eurent jadis leur raison d'être, comme c'en est un de vouloir les faire revivre, après qu'elles sont mortes.

Il arriva un jour, en effet, où le roi et la France se brouillèrent. Le roi voulut la brouille. Il s'entêta même à la vouloir, car la patience de nos pères a été admirable, et si longue, si longue! Le nation souffrait d'abus de toutes sortes: l'inégalité, l'injustice, le despotisme. Elle protesta, ne fut pas entendue. Elle protesta plus haut, et conçut l'idéal français de liberté, de justice et d'humanité. Et ce fut la Révolution française.

Avec le roi tombèrent les castes et les privilèges qui créaient des droits particuliers dans la nation. Tous les Français participèrent également à la patrie, qui fut déclarée une et indivisible. La France, alors, s'aima directement elle-même; mais qu'aima-t-elle par-dessus tout en elle? Son grand idéal de justice, de liberté, d'humanité. C'est pourquoi elle eut le droit de s'aimer, comme elle s'aima, passionnément. Notre patriotisme révolutionnaire fut un des sentiments les plus beaux que l'histoire ait connus.

Mes enfants, notre patrie, ce n'est donc pas seulement un territoire, c'est une œuvre humaine, commencée depuis des siècles, que nous continuons, que vous continuerez. Le long travail de nos pères, depuis les origines, le souvenir de leurs actions et de leurs pensées, les monuments de leur génie, notre langue, notre esprit, notre façon de comprendre la vie, c'est — avec la riche beauté de notre terre, avec la clémence de notre ciel, avec la poétique diversité de nos aspects, nos brumes du Nord et nos clartés du Midi, nos superbes montagnes et nos belles plaines fécondes, nos mers glauques et notre mer bleue — c'est notre riche héritage, c'est la patrie, fille de la nature, fille de notre esprit.

Mais votre patrie n'est pas la seule qui soit au monde. D'autres vous entourent, qui se sont formées autrement que la nôtre, plus lentement, comme l'Allemagne ou l'Italie, plus vite, comme l'Angleterre. Elles ont créé leurs lois, leurs langue, leur littérature. Chacune d'elles a, comme la France, exprimé ses sentiments et ses idées sur la nature et sur l'humanité. Chacune d'elles a son génie, différent du nôtre. Chacune d'elles est aimée par ses enfants, comme la France l'est par les siens,

Quels doivent être le sentiment et la conduite de ces patries les unes envers les autres? C'est une question qui, à l'heure présente, occupe, passionne et divise les esprits.

Pendant des siècles, le sentiment ç'a été la haine, et la conduite ç'a été la guerre. Il semblait qu'on ne pût aimer sa patrie sans détester celle des autres. Il est vrai, la guerre était inévitable au temps où les frontières étaient incertaines entre les États, qui n'étaient pas encore formés. La guerre fut souvent un phénomène de croissance et une opération de bornage. Par raison d'État se trouva ainsi entretenu le naturel instinct de violence qui est en nous, car l'humanité n'est pas naturelle aux hommes. La guerre devint une des fonctions de l'État. Les rois naissaient chefs de guerre, des hommes naissaient leurs lieutenants, d'autres hommes en grand nombre choisissaient pour métier et gagne-pain la guerre. Des armées furent entretenues en permanence, et l'on fit la guerre pour employer les armées. Les années de paix semblaient des années vides. Il n'y en avait pas beaucoup, d'ailleurs; sur soixante-douze ans qu'il a régné, Louis XIV a fait la guerre pendant près de cinquante ans. Parmi les mobiles des belligérants d'autrefois, se trouvent, avec l'intérêt politique, l'orgueil, le plaisir, l'habitude. Ce fut une terrible période dans l'histoire de l'humanité; aujourd'hui, elle nous semble barbare.

Pourquoi?

D'autres mœurs se sont établies. Notre grand dix-huitième siècle a prêché l'idée d'humanité et enseigné la valeur de la personne humaine. L'épopée militaire de la Révolution et de l'Empire a laissé en Europe le besoin et l'amour de la paix. Dans tous les pays, le travail a pris une intensité extraordinaire, et le travail aime et veut la paix. Le commerce et les communications rapides ont mêlé les peuples. Et puis, dans presque tous les pays, le métier militaire a été remplacé par le devoir militaire, et l'armée professionnelle par l'armée nationale. Et puis encore, les gouvernements ont affaire aujourd'hui à l'opinion publique, et presque tous à une représentation nationale. Voici une grande nouveauté : ne décident plus seuls de la guerre ceux qui font tuer les autres ; ont voix au chapitre ceux qui se font tuer eux-mêmes. Cela change tout. Les guerres deviennent de plus en plus rares. Les gouvernements eux-mêmes prêchent la paix, l'aiment ou font semblant de l'aimer ; ils concluent des traités d'arbitrage, et l'ébauche a été dessinée d'une cour de justice internationale. L'humanité paraît s'organiser pour la paix.

Mes enfants, je suis de ceux qui, en toute sincérité, applaudissent à ces efforts. Je ne les crois nullement chimériques. Il est certain que le nombre diminue de ceux qui aiment la guerre, certain qu'elle est détestée par beaucoup, redoutée par tous. La guerre est en décadence ; travailler contre elle, c'est agir dans le sens de l'avenir. Mais je sais bien aussi que je ne verrai pas l'humanité réconciliée, et que vous ne la verrez pas non plus. Il a fallu des siècles pour composer un royaume de France avec des provinces ; qui pourrait dire combien de siècles il faudrait pour composer, avec des régions si différentes de toutes façons, cette nation qui s'appellerait l'humanité? Même entre les peuples qui se disent les plus civilisés, la paix n'est pas assurée. Il y a quelques semaines, on ne parlait, à propos du Maroc, que de guerre entre les peuples d'Europe. C'est qu'en Europe même, il y a encore des souverains — pas beaucoup et pas pour toujours, il est vrai, mais il faut bien prendre notre temps comme il est, — des souverains qui ont le pouvoir de déchaîner la guerre et de lui montrer du doigt l'endroit où il faut qu'elle aille frapper. Mais la guerre peut naître autrement que de la fantaisie d'un souverain.

Ne nous laissons pas tromper par certains propos que tout le monde répète. Moi-même, je parlais tout à l'heure des communications qui mêlent les peuples. Des orateurs en effet célèbrent les beautés de la circulation universelle. Ils montrent les panaches de vapeur planant sur les eaux et les terres. Mais, sous ces panaches, glissent les navires cuirassés et les torpilleurs. Et je lis sur des wagons des billets de logement : 36 hommes, 8 chevaux. Le plus fier des souverains qui règnent encore par la grâce de Dieu a, parmi des soucis divers, celui de faire valoir le commerce de ses sujets. Son casque impérial protège leur marchandise. Il n'est pas si vrai que le commerce soit pacifique; à la paix qui procure de bonnes affaires, il peut fort bien un jour préférer la guerre, s'il en espère des affaires meilleures.

Enfin, mes enfants, bien vieille est l'habitude de la guerre, bien vieille l'habitude de l'égoïsme national. Des instincts demeurent en nous, sommeillant, qui, tout d'un coup, se peuvent réveiller. Non, je ne verrai pas l'humanité réconciliée, vous ne la verrez pas non plus. Vous continuerez de vivre, comme nous vivons, sous le régime des patries diverses.

La question revient donc : « Quels doivent être le sentiment, la conduite des patries les unes envers les autres ? » Et à cette question une autre est liée : « Quels doivent être notre sentiment et notre conduite envers notre patrie ? »

J'ai déjà presque répondu.

Les patries doivent se considérer comme des œuvres de l'humanité, laquelle est en chacune d'elles, avec sa diversité naturelle, car la nature veut que l'humanité soit diverse. Elle ne permettra jamais que tous les fils des hommes se ressemblent; heureusement, car cette ressemblance serait une insupportable laideur. La nature est une harmonie, et l'humanité en est une aussi. Chacune des patries que l'humanité a créées sur des terres, sous des ciels différents, dans des circonstances diverses, a ses aptitudes propres, son caractère, son génie. Chacune concourt à la beauté de l'ensemble. Servir sa patrie, c'est servir l'humanité au poste où la naissance nous a mis.

Si c'est ainsi que vous comprenez la patrie, mes enfants, vous respecterez les patries des autres. Vous ne voudrez pas qu'on leur fasse ce que vous ne voudriez pas que l'on vous fît à vous-mêmes. En vous achèvera de mourir l'esprit de domination, de violence et de haine. Il n'est pas nécessaire de haïr l'étranger et de le vouloir subjuguer pour aimer sa patrie.

Votre patrie, vous l'aimerez autrement, mais tout autant et même plus qu'en leurs siècles ne l'aimèrent les ancêtres. Vous l'aimerez d'instinct et vous l'aimerez aussi par raisonnement.

Un naturel instinct nous porte à aimer le ciel qui a vu nos premiers regards, la terre qui nous nourrit, tout notre paysage accoutumé, et aussi les ancêtres, qui, sous le même ciel, vécurent de la même terre. Cet instinct qui nous inspire une sorte de piété envers les devanciers, nous donne le sentiment de la continuité, et, avec le charme des longs souvenirs, la force et la quiétude qui, de la racine profonde, montent avec la sève perpétuelle.

Mais il nous est difficile, à nous Français, de suivre le pur instinct. Nous ressemblons aux enfants qui veulent savoir ce qui se cache dans les tambours, qui fait ce grand bruit. C'est pourquoi nous crevâmes tant de tambours, derrière lesquels d'autres peuples, qui les ont conservés, continuent de marcher au pas cadencé.

Eh bien ! si vous voulez raisonner, je le veux aussi.

Je suppose donc que vous me disiez: C'est le hasard qui m'a fait venir au monde en France. J'aurais pu tout aussi bien naître en Angleterre, en Allemagne ou en Russie. Je n'admets pas que toute ma vie soit liée par l'opération d'un greffier qui écrivit sur un registre, au jour de ma naissance, mon nom que je ne savais pas et dont je ne me souciais guère. Avant tout, je suis né homme. Je ne veux appartenir qu'à l'humanité. C'est elle que je veux servir.

Je vous répondrai :

L'humanité, cela n'existe pas encore. C'est une grande et belle idée, ce n'est pas un être. Il faut bien que vous ayez un lieu déterminé pour agir, et je vous défie de servir l'humanité autrement que par le moyen d'une patrie. Cherchez donc parmi les patries, pour choisir la vôtre, celle qui fait le moins souffrir l'humanité.

Quelle accusation d'inhumanité monte vers la France ? Par qui est-elle maudite ? Est-ce que nous avons une Irlande, un Schleswig, une Finlande, une Pologne ? Est-ce nous qui retenons par la force dans notre communauté des hommes qui refusent leurs âmes ? N'est-ce pas nous, au contraire, qui avons un jour rêvé l'affranchissement des peuples ? Les idées de la Révolution n'ont-elles pas eu cette fortune que même les violences de la période impériale les ont implantées dans les plus inextricables fouillis des despotismes du passé ? La fière et grande Allemagne d'aujourd'hui est-elle bien sûre que, si elle n'avait pas été éclairée, remuée, secouée, malmenée par nous, si nous n'avions pas fait 1789 et 1848, elle n'aurait pas continué, tout en travaillant les problèmes de la philosophie, à s'incliner, avec la profondeur qu'elle donne à ses respects, devant un tas de principicules?

De plus, l'histoire vous apprend qu'un peuple a mêlé son sang à celui des peuples qui ont voulu naître, depuis un siècle et demi. Ce peuple est celui qui a fait la guerre d'Amérique pour l'indépendance des États-Unis, l'expédition de Morée pour l'indépendance de la Grèce, le siège d'Anvers pour l'indépendance de la Belgique, la guerre de Lombardie pour l'indépendance de l'Italie. Ce peuple, c'est nous.

D'autre part, chez nous, ne travaillons-nous pas à libérer l'humanité des disciplines qu'elle se donna au temps qu'elle était jeune? Chez nous, plus de droit divin, de monarchie, de caste, de hiérarchie héréditaire, plus d'Église pourvue de force coercitive.

Enfin, de son humanité, la France a beaucoup souffert et elle souffre encore. Il aurait mieux valu pour elle que les nations voisines demeurassent humbles et divisées contre elles-mêmes. Si donc il est vrai qu'elle ait fait par une naturelle générosité, les affaires des autres mieux que les siennes, comme des patriotes le lui reprochent, c'est une raison pour qu'elle soit particulièrement aimée par ceux qui refusent d'enfermer entre des frontières leurs âmes éprises de justice et d'humanité.

Mes amis, jouissez donc en toute sécurité du droit d'aimer, du droit de préférer la France, puisque la raison même démontre que votre instinct, qui vous porte à l'aimer et à la préférer, ne vous trompe point. Et, pour terminer ce long et grave discours, recueillons-nous un moment. Pensons ensemble aux troubles et aux problèmes de l'heure présente. Ensemble faisons des souhaits j'allais dire, prions ensemble :

« Que la France demeure forte parmi les nations ;

« Qu'elle soit forte par sa justice ;

« Que, par sa justice, elle détruise en elle toutes les injustices qui ne sont pas fatales, et qu'elle adoucisse les autres ; que ses lois démocratiques élèvent à la fin tous les Français jusqu'à la dignité d'hommes, où un si grand nombre d'entre nous ne sont point parvenus encore ;

« Qu'elle soit forte par la liberté ;

« Que la République persévère, inflexible, à retirer toute autorité publique aux puissances du passé, mais que, par elle, aucune conscience ne soit offensée dans sa foi religieuse, car l'expérience a démontré que ces offenses font souffrir cruellement ;

« Que, par l'effet de la justice et de la liberté, la patrie soit le bien de tous, aucun Français ne se sentant dédaigné, aucun Français ne se sentant meurtri ;

« Que la République soit forte par les armes, car si elle laissait tomber son armure, elle n'aurait pas de mérite à prêcher la paix dont elle aurait un besoin trop manifeste, et les peuples lui répondraient ce que répondirent un jour les renards au discours du renard qui s'était laissé prendre à un piège ;

« Qu'en attendant le jour, dont nous ne pouvons même imaginer la date, où les peuples mettront en un faisceau tous les étendards, et, après avoir salué une dernière fois ces vénérés symboles, les brûleront en feu de joie, le drapeau de la France flotte haut dans le ciel ; car il ne porte pas de monogramme, ni d'écusson ; il n'appartient pas à un homme ; il appartient à un peuple libre, respectueux de la liberté d'autrui, et voulant cette liberté ; et, s'il s'affaissait, notre drapeau, on verrait s'allonger sur la terre l'ombre des carnassiers héraldiques ;

« Que notre frontière de l'Est soit non provocante, mais résistante ; qu'il n'y manque pas un homme, pas une cartouche, afin que personne, ni de ce côté, ni de l'autre côté de la frontière, ne craigne ou ne croie qu'il suffise, pour la franchir, de le vouloir ; afin que personne n'ose nous proposer de nous prendre à sa remorque, nous dont la destinée est d'être une avant-garde glorieuse et aventurée ;

« Que les Français demeurent avant-garde ; fiers de l'honneur, mais aussi conscients du péril, et, par ce double sentiment, indissolublement unis, qu'ils conduisent la marche difficile vers la paix lointaine que nous donnera la sagesse internationale ! »

15 août 1905.

L'Égalité
des Filles et des Garçons

L'Égalité
des Filles et des Garçons

Mesdemoiselles les petites Filles,

Je ne sais pas pourquoi, dans les occasions comme celle-ci, où garçons et filles sont réunis, c'est de préférence aux garçons qu'est adressé le discours. Il me semble que les filles ont aussi bien qu'eux droit à cet honneur. C'est donc à vous que je parlerai aujourd'hui. D'ailleurs, j'ai à dire des choses qui vous intéressent particulièrement.

Mes enfants, l'enseignement que vous recevez à l'École est très bien conçu. L'École sait que vous n'êtes pas nées pour vivre comme des millionnaires. Elle vous fait faire connaissance avec les outils de travail, les ciseaux et l'aiguille. Elle vous donne des leçons d'économie domestique, c'est-à-dire de gouvernement de la maison. Or, il n'est maison si petite qu'elle puisse se passer d'un gouvernement.

C'est un étonnement pour les étrangers que les maisons de chez nous soient si bien tenues. Les meubles y sont rangés en ordre et tous les objets « à place », comme nous disons. Le balai et la loque « à loqueter », le grand nettoyage du samedi effacent les souillures. Sous le chiffon de laine, le « brillant belge » rallume l'éclat des

4

cuivres. Entre les rideaux blancs et la vitre claire, les balsamines, les hortensias, les lobénias, les géraniums, et les œillets et les roses regardent dans la rue. Ces fleurs, c'est comme une gentille politesse adressée au passant. Mes chères petites, vous nous garderez nos maisons ordonnées, nettes et fleuries. L'ordre, la propreté, la grâce de l'aménagement domestique inspirent le plaisir de rester chez soi et le respect du logis. La bonne tenue de la maison commande la bonne tenue de soi-même.

Le gouvernement d'une maison, c'est aussi l'ordre dans les finances modestes. C'est penser au lendemain, et prévoir toujours. C'est user des moyens, aujourd'hui offerts, de se protéger coutre les méchants risques de la vie. Ces moyens, l'école vous les fait connaître. Écoutez-moi bien : il n'est maison si petite qu'elle ne puisse devenir grande. Une maman modeste, appliquée à tous ses devoirs, économe, prévoyante, peut, en pays démocratique, mener loin ses enfants. Et tout à coup la petite maison grandit. Nous avons chez nous plus d'un exemple du fait. Moi qui vous parle, je ne suis pas du tout enclin à grossir l'importance de ma personne, croyez-le bien. Si je rappelle que je suis sorti d'une maison bien modeste, c'est pour avoir l'occasion de la remercier, ma maison natale, qui fut propre, bien rangée, prévoyante, ambitieuse pour moi, honnête et tendre, et dont le souvenir m'est doux comme une caresse.

L'École se propose de cultiver votre esprit. Elle ne se contente pas, comme autrefois, d'enseigner à lire, écrire et compter. C'est peu de chose que de reconnaître des signes, de les reproduire et de manier des chiffres mécaniquement. Elle veut que vous compreniez ce que vous lisez, que vous raisonniez ce que vous écrivez, que vous raisonniez vos calculs, afin que plus tard, dans la vie, vous compreniez ce qu'on vous dira, ce que vous direz, ce que vous ferez.

L'École vous enseigne, en toute simplicité, vos devoirs. Elle croit, comme l'humanité le croit depuis longtemps, qu'il y a un bien et un mal. Et je vous dirai en passant un signe sûr pour distinguer l'un de l'autre : le bien, c'est ce qui coûte un effort. Cet effort est noble. L'École vous en enseigne la beauté.

L'École sait que vous êtes de petites Françaises. Vous y apprenez l'histoire de notre **pays**, et même par l'enseignement civique, nos institutions et nos lois. L'idée de donner cet enseignement à des petites filles a paru drôle à des gens d'esprit. Mais, si l'on s'arrêtait aux sourires des gens d'esprit, on ne marcherait plus. Il arrive, d'ailleurs, que les gens d'esprit soient de simples imbéciles. Quelle sottise, en effet, de vouloir que la moitié de la population française ignore la France, et que les femmes et les mères, par cette ignorance, soient exclues de la patrie ! Nous ne sommes pas trop nombreux en France pour aimer la France et la servir.

L'école étend votre regard à toute la terre par l'enseignement de la géographie. Elle vous donne des notions sur l'univers et sur les grandes lois de la nature. Elle veut que vous connaissiez l'habitation du genre humain et les grandes lignes de son paysage qui est le royaume des cieux

Cultiver dans les enfants du peuple l'intelligence humaine, les faire participer, autant qu'il est possible, à force de simplicité méthodique, au grand travail que l'esprit poursuit dans tous les ordres de la connaissance : éveiller en eux le sentiment de la dignité morale ; les préparer aux réalités de la vie comme elle est à présent, c'est la grande tâche, très difficile, mais nécessaire, que s'est proposée l'École laïque républicaine. Mais je vous prie de remarquer — c'est l'objet même de ce discours — qu'entre filles et garçons l'École ne marque pas une préférence. Un frère et une sœur reçoivent ici le même enseignement. Et cette égalité se retrouve dans toutes les sortes d'écoles, comme vous allez voir par deux ou trois histoires que j'ai à vous conter.

Ce printemps, un dimanche après-midi, trois mille personnes étaient réunies dans le grand amphithéâtre de la Sorbonne. En entrant, j'entendis, au lieu du gros vilain murmure de conversations qui précède habituellement l'ouverture d'une cérémonie, un bruit léger et charmant comme un gazouillement de volière. Des centaines de petites filles et de jeunes filles assises au parterre bavardaient, sous les yeux de pères, de mères, de maîtres et de maîtresses qui remplissaient les loges et les galeries. A un moment, sur un signe, le gazouillement tomba. Des robes claires de toutes couleurs se levèrent. Cela ressembla tout à fait à une envolée. Les enfants chantèrent très joliment. C'étaient des élèves des lycées de filles de Paris, qui donnaient une fête à leurs familles.

Des lycées de filles! Qui eût dit, il y a cinquante ans, que la France aurait des lycées de filles? En 1869, j'étais le secrétaire de M. Duruy, ministre de l'Instruction publique. Mon grand et illustre maître, qui eut tant d'idées, lesquelles furent toutes bonnes, entreprit d'instituer des cours d'enseignement secondaire pour les filles. Le projet fut applaudi par quelques-uns. Mais l'opinion était alors répandue que les sœurs ne sont pas les égales des frères, le masculin l'emportant sur le féminin, comme dit la grammaire, qui fut écrite par des messieurs. On croyait qu'aux filles une toute petite instruction suffisait, et que cette toute petite instruction, il appartenait à la seule Église de la donner. Aussi, lorsque M. Duruy eut déclaré ses intentions, une tempête éclata où des voix d'évêques en grand nombre grondèrent.

Le temps a marché. En l'année qui vient de finir, ont prospéré 42 lycées, 50 collèges, 69 cours secondaires de jeunes filles. La population de ces établissements a été de 30 831 élèves. En 1896, elle n'était que de 14 709. Elle a donc plus que doublé en moins de dix ans. Et l'on annonce pour l'année prochaine quatre nouveaux lycées, peut-être cinq, neuf nouveaux collèges, peut-être dix. Ce qui fera 59 ou 60 collèges. Il n'y avait que 30 collèges à la rentrée de 1903. En trois ans, le nombre de collèges a donc doublé.

L'enseignement est donné dans ces maisons presque uniquement par des femmes. Ces professeurs sont préparées à leurs devoirs par une longue éducation. Leur devoir, elles le font en conscience, avec plaisir, avec foi. Inspecteurs généraux, recteurs, inspecteurs d'académie louent le corps enseignant féminin, et aussi le corps enseigné ; car elles travaillent bien les petites lycéennes, et même il faut le dire, puisque c'est la vérité, elles travaillent mieux que les lycéens. Et elles reçoivent la pleine, libre et sincère éducation de l'esprit. On disait que les femmes étaient incapables de comprendre, et par conséquent d'enseigner les sciences. Mais voilà que des femmes enseignent les sciences, et que des filles comprennent cet enseignement. Cet appoint de la science ajouté à l'éducation des filles, ce contrepoids de raison donné à l'imagination féminine, en même temps que cette confiance en l'intelligence des femmes, c'est tout nouveau. Je pensais aux conséquences heureuses et très graves en écoutant les petites lycéennes chanter un salut au Printemps : « Bonjour, Madame l'hirondelle ! »

Pas longtemps après ce beau dimanche, je vis entrer

dans mon cabinet, à l'École normale, une jeune fille blonde, modeste, timide. Elle m'apprit qu'elle était licenciée ès sciences, et qu'elle désirait se préparer, dans les laboratoires de l'école, au concours de l'agrégation. Depuis quelques années, des étudiantes s'asseoient, à côté des étudiants, aux cours des Universités. Si les vieux maîtres que j'ai connus en Sorbonne, et dont quelques-uns encadraient leur tête d'un grand col et d'une grosse cravate nouée d'un tout petit nœud, et qui paraissaient austères et lointains, remontaient sur la terre, j'imagine qu'une de leurs premières visites serait pour la Sorbonne. Quel étonnement! Ils ne parlaient qu'à des hommes, même à de vieux hommes. Ils verraient un auditoire tout de jeunesse, et de jeunesse des deux sexes. Peut-être qu'ils seraient scandalisés. Il faudrait leur dire que ces jeunes filles travaillent aussi bien que les jeunes gens, et qu'elles paraissent plus sensibles à la joie de s'instruire. Les jeunes filles ont conquis leurs places dans les Universités. On ne s'étonne plus de les y voir. Mais on n'avait pas vu encore une jeune fille camarade des normaliens de la rue d'Ulm. Cela se verra l'hiver prochain.

Enfin, vous avez sans doute entendu raconter qu'un grand savant, M. Curie, a été tué par une voiture dans une rue de Paris. M. Curie était professeur à la Faculté des Sciences de notre Université. Qui lui a succédé? Mme Curie avait été la collaboratrice de son mari dans ses découvertes, Mme Curie a succédé à son mari. Elle est aujourd'hui professeur à la Faculté des Sciences, collègue de savants illustres. De cet événement, qui aurait été invraisemblable il n'y a pas longtemps, personne n'a été surpris.

Mes petites demoiselles, ces faits divers prouvent que

les femmes ont un grand empressement à s'instruire, et que le droit à être instruites leur est reconnu. Cela, c'est une révolution, Pour vous expliquer ce que représente, dans l'histoire humaine, cette révolution, il me faudrait bien du temps. Mais quelques mots peuvent vous en donner l'idée.

Je suppose que j'adresse à un des petits garçons assis sur les bancs voisins des vôtres cette question : « Voudrais-tu être une fille » ? Bien sûr il s'étonnera et se croira injurié. Aussitôt qu'il s'est éveillé à la vie, il a eu l'orgueil d'être un garçon. Sa première culotte lui a été une dignité. Il attend avec impatience les premiers poils de sa barbe. Il sait déjà que du côté de la barbe est la toute-puissance. Est-ce qu'il n'est pas plus vigoureux, plus fort qu'une fille? Il le montre au besoin. Il se fait obéir et servir par les filles, et volontiers il cogne.

Depuis que le monde est monde, les petits garçons ont cru qu'ils sont d'une autre espèce que les filles et très supérieure. Ils sont le sexe fort, en regard du sexe faible. Sexe fort, sexe faible — le préjugé contre les femmes est né du fait brutal de la supériorité musculaire. Il a été perpétué par l'égoïsme et par l'intérêt. Ce sont des origines basses.

L'histoire de la femme à travers les âges est l'œuvre de ce préjugé. Elle est pleine de choses odieuses et bien étranges. Au xviiᵉ siècle, Bossuet, le grand évêque, dans un très curieux livre, après avoir rappelé que la femme a été « formée d'une côte superflue » mise « exprès dans le côté » de l'homme, déclarait : « Les femmes n'ont qu'à se souvenir de leur origine, et sans trop vanter leur délicatesse, songer après tout qu'elles viennent d'un os surnuméraire. » Quelques pages plus loin, il ajoutait qu'elles sont « une sorte de diminutif ». Bossuet parlait selon sa conscience de prêtre et les traditions de l'Église.

Mais, au même temps, Messieurs de l'Académie française, qui publiaient la première édition du *Dictionnaire*, parlaient d'une « orthographe qui distingue les gens de lettres d'avec les ignorants et les simples femmes ». Messieurs de l'Académie répétaient bonnement le vieux préjugé masculin. Ce préjugé a survécu à la philosophie du xviiie siècle, à la Révolution même. Le Code civil a maintenu la femme à l'état d'inférieure, de mineure, d'incapable.

Aujourd'hui, le préjugé s'affaiblit. Une vérité se fait jour. Oh ! Elle est bien simple ! Mais les vérités simples sont celles que l'on découvre les dernières.

La vérité, c'est qu'une fille a, comme un garçon, une intelligence. Si les aptitudes et les penchants des intelligences masculine et féminine sont différents, cela ne veut pas dire que la seconde soit inférieure à la première. Cela veut dire qu'elles se complètent l'une l'autre, pour composer ensemble l'intelligence de l'humanité.

La vérité, c'est qu'une fille a, comme un garçon, un cœur qui aimera, se réjouira, souffrira. Même la part de souffrance réservée à la fille est la plus forte. Il y a, dans le cœur des futures épouses et mères, une grande provision de larmes, qui attend la vie.

La vérité, c'est que la plupart des filles, comme la plupart des garçons, ont besoin de gagner leur pain, et qu'elles auront plus de mal à le gagner.

C'est enfin que filles et garçons se doivent associer un jour pour ensemble fonder une famille nouvelle.

De cette vérité simple résulte que garçons et filles sont égaux en humanité. Ils ne doivent donc pas être inégalement traités dans la préparation à la vie. C'est pourquoi l'école publique ne fait plus de différence entre eux. Elle prépare ainsi le redressement des injustices perpétuées dans la loi, qui fut écrite par des messieurs.

La réparation accomplie, on s'apercevra que les ridicules et les désordres que l'on prédisait étaient imaginaires. Toutes les femmes ne deviendront pas des doctoresses. Il n'y aura pas plus de pédantes parmi elles qu'il n'y a de pédants parmi les hommes. Même il y en aura moins. Le pédantisme est une visible laideur, et les femmes ne recherchent pas les moyens de s'enlaidir. Elles n'envahiront pas toutes les professions. D'abord, les hommes se défendront contre la concurrence, et rudement, vous pouvez y compter. Puis, la nature veut qu'il y ait des professions masculines et des professions féminines. S'il y a des femmes extravagantes, la force des choses saura les mettre à la raison. Enfin, la justice rendue aux femmes ne suffira pas à changer les actuelles conditions sociales. Que les madames se rassurent! Toutes les femmes ne deviendront pas des madames. Il y aura seulement dans le monde un peu plus de bien-être, plus de dignité humaine, plus d'intelligence, plus d'activité, plus de moralité, et dans les familles, où la différence et la diversité d'éducation empêchent aujourd'hui l'accord plein des âmes, la possibilité de la sérieuse intimité profonde.

Mesdames, Messieurs,

Vous devez penser que, soit que je parle aux garçons, soit que je parle aux filles, je traite devant vos enfants des sujets bien graves. Je ne puis pas m'en empêcher. Dans ma longue carrière, j'ai tâché toujours d'intéresser par avance à la vie les esprits des jeunes gens, même des enfants, en les avertissant des choses qu'ils y verront. Je crois qu'il faut aussi leur apprendre à aimer leur temps, s'il vaut d'être aimé. Et c'est ma conviction que, lorsqu'on étudiera plus tard le temps où nous aurons vécu, on lui reconnaîtra la belle vertu d'avoir travaillé au relèvement de toutes les faiblesses, faiblesse de l'enfant, faiblesse de la femme, faiblesse du vieillard, faiblesse du pauvre, de celui qu'on appelle le déshérité parce qu'il n'a point part au commun héritage, qui est le droit de vivre.

Ce noble travail, beaucoup ne l'aperçoivent pas. De même, dans la mêlée, les combattants d'une grande bataille ne voient pas la bataille. Ils voient, à travers la poussière et la fumée, des mouvements dont ils ne savent pas la raison, des attaques, des fuites, des gens qui courent, des gens qui tombent. Ce grand désordre leur dérobe l'action. L'action pourtant se livre, et l'heure de la victoire sonne.

Mais, à plusieurs, l'action même ne plaît pas. Le relèvement des faiblesses inquiète ceux qui détiennent les puissances. Une faiblesse en se relevant, abaisse une autorité. Et ceux qui la détiennent, la tenant pour légitime et nécessaire, prédisent la fin de toute société, la fin du monde.

Mais ces prédictions furent entendues à chaque fois qu'il fut touché à des intérêts, à des opinions, ou même simplement à de vieilles habitudes. Notre société se transforme, elle ne périra pas. Il faut qu'un ordre nouveau soit trouvé ; on le trouvera, parce qu'il faut le trouver. Un monde finit, un autre s'annonce. Est-ce que de grands changements ne se sont point vus, depuis que l'homme a commencé à compter les années et les siècles? Et par quel privilège, nous qui vivons aujourd'hui, serions-nous exemptés de la loi du mouvement?

C'est pourquoi je garde mon esprit tranquille. J'ai des amis que cette tranquillité surprend. De temps à autre, ils me demandent : « Toujours optimiste? » J'ai soin de leur dire que je ne crois pas être une dupe, que je suis sûr de n'en être pas une, que je vois comme eux la grande imperfection des choses, la grande imperfection des hommes, et les difficultés et des moments de péril. Mais je réponds : « Optimiste toujours ! » Alors, ils me félicitent de ma bonne santé. Et moi, je les remercie. Et je les plains de se porter mal. Mais comment se porteraient-ils bien ? Ils se nourrissent de mauvaise humeur, de mécontentements, de regrets, d'autant plus amers qu'ils ne peuvent guère n'en pas sentir la vanité. C'est une fâcheuse nourriture. Ils souffrent d'un grand mal, qui est de ne plus connaître de sens à leur vie. Car, au temps où nous sommes, dans quelque pays que ce soit du monde civilisé, une vie n'a pas de sens, si elle ne s'emploie à l'œuvre, commencée par la Révolution et si grossièrement imparfaite encore, du relèvement des faibles par un effort continu de justice et de fraternité.

15 août 1906.

TABLE DES MATIÈRES

PARIS. — IMPRIMERIE KAPP, 20, RUE DE CONDÉ

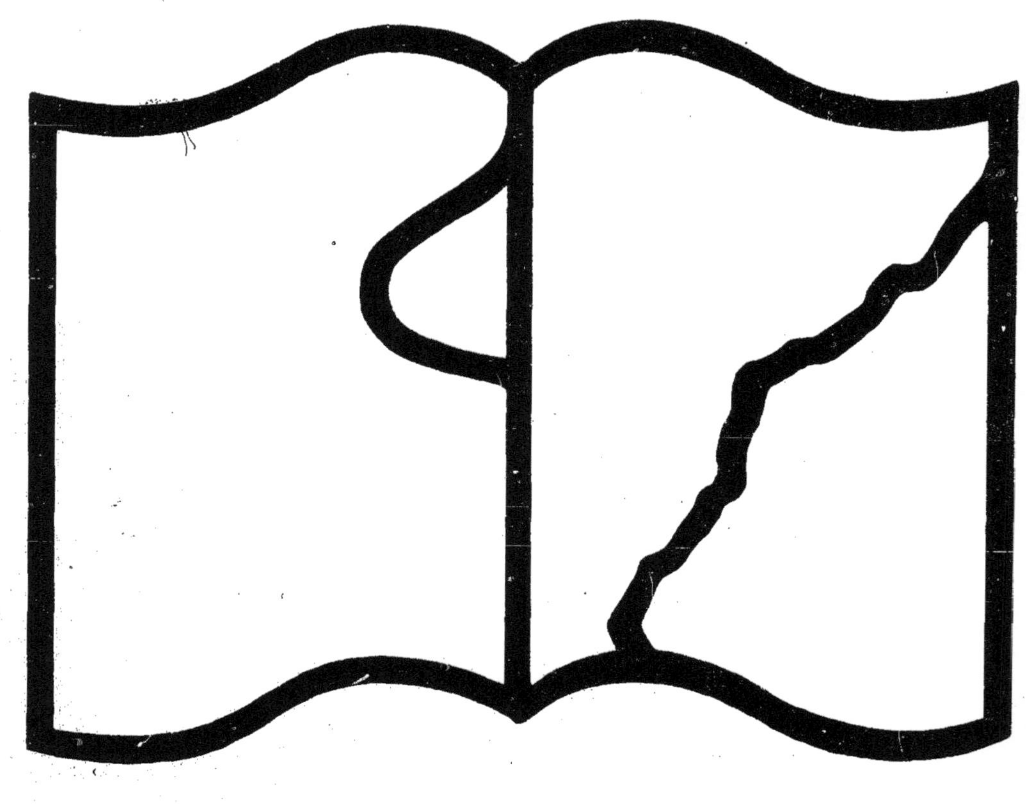

Texte détérioré — reliure défectueuse

NF Z 43-120-11